CurriculumVisions

Primary French

KU-337-338

Moi et toi

septembre

L	M	M	J	V	S	D
	1	2	3	4	5	6
7	8	9	10	11	12	13
14	15	16	17	18	19	20
21	22	23	24	25	26	27
28	29	30				

Curriculum Visions

There's much more on-line including videos

You will find multimedia resources covering all Curriculum Visions subjects in the Professional Zone. The Professional Zone is a subscription site and can be found at:

www.CurriculumVisions.com

A CVP Book
Copyright Earthscape © 2008

Concept
Brian Knapp

Editors
D Pearse and J Gould

Senior Designer
Adele Humphries, BA, PGCE

Designed and produced by
EARTHSCAPE

Printed in China by
WKT Company Ltd

Moi et toi QCA units 1–6 – *Curriculum Visions*
A CIP record for this book is available from the British Library

Paperback ISBN 978 1 86214 537 5

Illustrations
Mark Stacey pages 26–35

Picture credits
All photographs are from the Earthscape and ShutterStock collections.

This product is manufactured from sustainable managed forests. For every tree cut down at least one more is planted.

Contents

C'est moi

Bonjour

Salut!

Bienvenu

Ça va?
Ça va bien.

Ça va?
Ça va mal.

Bonsoir

Bonne nuit

A bientôt

Au revoir

oui

non

Comment ça va?
Bien, merci. Et toi?
Pas mal, merci.

Weblink: www.CurriculumVisions.com

Quel âge as-tu?
J'ai sept ans.

Je m'appelle... Henri.
Comment tu t'appelles?

Tu as quel âge?
J'ai huit ans.

Monsieur

Madame

un

deux

trois

quatre

cinq

six

sept

huit

neuf

dix

Voici ma famille

Ma mère.
Voici ma mère.

Mon père:
Voici mon père.

Ma sœur.
Voici ma sœur.

Mon frère.
Voici mon frère.

non! – oui ou non?

quatre – oui ou non?

Monsieur – oui ou non?

Challenge!

C'est vrai?

au revoir! – oui ou non?

ma sœur – oui ou non?

trois – oui ou non?

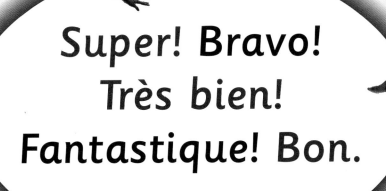

Super! Bravo! Très bien! Fantastique! Bon.

Weblink: www.CurriculumVisions.com

Les chansons

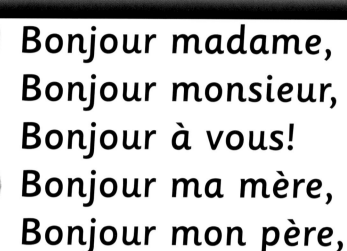

Bonjour madame,
Bonjour monsieur,
Bonjour à vous!
Bonjour ma mère,
Bonjour mon père,
Bonjour à vous!
Bonjour ma soeur,
Bonjour mon frère,
Bonjour à vous!

10 Dix bonbons sur la table
Je mange un des bonbons
9 Neuf bonbons sur la table
Je mange un des bonbons
8 Huit bonbons sur la table ...
continuez la chanson ...

un

un, deux, deux

un, deux, deux, trois, trois, trois

un, deux, deux, trois, trois, trois, quatre, quatre, quatre, quatre ...

continuez la chanson ...

Le fermier dans son pré
Le fermier dans son pré
Ohé, ohé, ohé
Le fermier dans son pré

Le fermier prend sa femme
Le fermier prend sa femme
Ohé, ohé, ohé
Le fermier prend sa femme

La femme prend son enfant ...

L'enfant prend la nourrice ...

La nourrice prend le chat ...

Le chat prend la souris ...

La souris prend
le fromage ...

Le fromage est battu.

Sur le pont d'Avignon
L'on y danse, l'on y danse
Sur le pont d'Avignon
L'on y danse tout en rond.
Les belles dames font comme ça
Et puis encore comme ça.
Les beaux messieurs font comme ça
Et puis encore comme ça.

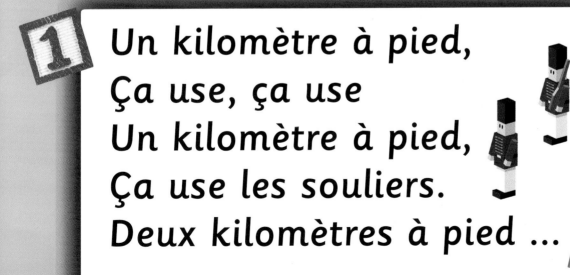

Un kilomètre à pied,
Ça use, ça use
Un kilomètre à pied,
Ça use les souliers.
Deux kilomètres à pied ...

continuez la chanson ...

Weblink: www.CurriculumVisions.com

Je préfère un burger.

Je préfère une glace.

Je préfère peindre mes soeurs.

Combien de poissons?

onze

douze

treize

quatorze

quinze **15**

seize **16**

dix-sept

dix-huit **18**

dix-neuf

vingt **20**

Combien d'oeufs?

Dix-huit oeufs.

Mon anniversaire

"Joyeux Anniversaire"

s'il te plaît

merci

Bien! Très bien! Bravo!
Super! Chouette!
Fantastique!

Les mois

janvier

janvier

L	M	M	J	V	S	D
		1	2	3	4	5
6	7	8	9	10	11	12
13	14	15	16	17	18	19
20	21	22	23	24	25	26
27	28	29	30	31		

février

février

L	M	M	J	V	S	D
					1	2
3	4	5	6	7	8	9
10	11	12	13	14	15	16
17	18	19	20	21	22	23
24	25	26	27	28	29	

mars

mars

L	M	M	J	V	S	D
					1	
2	3	4	5	6	7	8
9	10	11	12	13	14	15
16	17	18	19	20	21	22
23/30	24/31	25	26	27	28	29

avril

avril

L	M	M	J	V	S	D
		1	2	3	4	5
6	7	8	9	10	11	12
13	14	15	16	17	18	19
20	21	22	23	24	25	26
27	28	29	30			

mai

mai

L	M	M	J	V	S	D
			1	2	3	
4	5	6	7	8	9	10
11	12	13	14	15	16	17
18	19	20	21	22	23	24
25	26	27	28	29	30	31

juin

juin

L	M	M	J	V	S	D
1	2	3	4	5	6	7
8	9	10	11	12	13	14
15	16	17	18	19	20	21
22	23	24	25	26	27	28
29	30					

juillet

juillet

L	M	M	J	V	S	D
	1	2	3	4	5	
6	7	8	9	10	11	12
13	14	15	16	17	18	19
20	21	22	23	24	25	26
27	28	29	30	31		

août

août

L	M	M	J	V	S	D
				1	2	
3	4	5	6	7	8	9
10	11	12	13	14	15	16
17	18	19	20	21	22	23
24/31	25	26	27	28	29	30

septembre

septembre

L	M	M	J	V	S	D
	1	2	3	4	5	6
7	8	9	10	11	12	13
14	15	16	17	18	19	20
21	22	23	24	25	26	27
28	29	30				

octobre

octobre

L	M	M	J	V	S	D
		1	2	3	4	
5	6	7	8	9	10	11
12	13	14	15	16	17	18
19	20	21	22	23	24	25
26	27	28	29	30	31	

novembre

novembre

L	M	M	J	V	S	D
					1	
2	3	4	5	6	7	8
9	10	11	12	13	14	15
16	17	18	19	20	21	22
23/30	24	25	26	27	28	29

décembre

décembre

L	M	M	J	V	S	D
	1	2	3	4	5	6
7	8	9	10	11	12	13
14	15	16	17	18	19	20
21	22	23	24	25	26	27
28	29	30	31			

Mon anniversaire est en mai.

Mes activités

Je danse
très bien.

Je lis.

Je peux danser
très bien.

Je chante
très bien.

Je peux sauter très bien.

Je peux courir très bien.

sauter à la corde

Je joue bien au football.

Je nage bien.

Je lance le ballon très bien.

Les couleurs

rose

jaune

rouge

orange

bleu

noir

marron

vert

violet

blanc

Mon corps

la tête

J'ai...

les yeux bleus

Il/Elle a...

un nez rose

une bouche rose

les cheveux marron

le bras

le coude

24

la jambe

J'ai les yeux bleus.

les épaules

les pieds

Il/Elle est...

les doigts

grand

l'oeil

les orteils

les oreilles

petit

25

5: Les quatre amis

Il fait beau. Le soleil brille. Le petit cheval noir se promène dans les champs. Il voit un beau pommier avec une grosse pomme rouge.

«Oh» dit le petit cheval noir, «quelle belle pomme rouge.

Je voudrais bien manger la belle pomme rouge.»

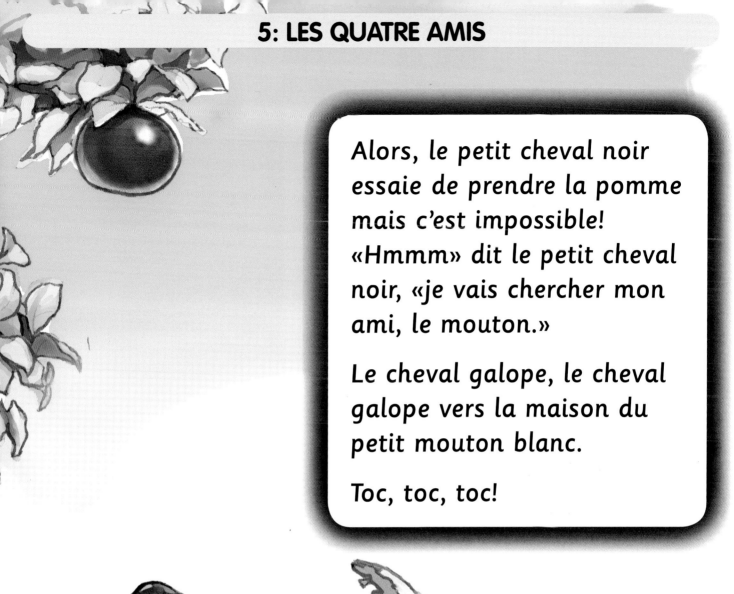

Alors, le petit cheval noir essaie de prendre la pomme mais c'est impossible! «Hmmm» dit le petit cheval noir, «je vais chercher mon ami, le mouton.»

Le cheval galope, le cheval galope vers la maison du petit mouton blanc.

Toc, toc, toc!

«C'est qui?» dit le petit mouton blanc.

«C'est moi, le petit cheval noir. Viens m'aider, s'il te plaît.»

«Oui, j'arrive tout de suite.»

Alors les deux amis retournent au pommier. Le mouton voit la belle pomme rouge.

«Oh» dit le petit mouton blanc. «Quelle belle pomme rouge.

Je voudrais bien manger la belle pomme rouge.»

«Vite, vite» dit le petit cheval noir, «monte sur mon dos.» Donc, le mouton monte sur le dos du cheval. Il essaie de prendre la pomme mais c'est impossible!

«Hmmm» dit le petit mouton blanc, «je vais chercher mon ami le lapin.» Le mouton court, le mouton court vers la maison du petit lapin gris.

Toc, toc, toc!

«C'est qui?» dit le petit lapin gris.

«C'est moi, le petit mouton blanc. Viens m'aider, s'il te plaît.»

«Oui, j'arrive tout de suite.»

Alors les deux amis retournent au pommier.

Le lapin voit la belle pomme rouge.

«Oh» dit le petit lapin gris, «quelle belle pomme rouge. Je voudrais bien manger la belle pomme rouge.»

«Vite, vite» dit le mouton blanc, «monte sur ma tête.» Donc, le mouton monte sur le dos du cheval et le lapin monte sur la tête du mouton. Il essaie de prendre la pomme mais c'est impossible!

«Hmmm» dit le petit lapin gris, «je vais chercher mon amie la souris.» Le lapin sautille, le lapin sautille vers la maison de la petite souris marron.

Toc, toc, toc!

«C'est qui?» dit la petite souris marron.

«C'est moi, le petit lapin gris. Viens m'aider s'il te plaît.»

«Oui, j'arrive tout de suite.»

Alors les deux amis retournent au pommier. La souris voit la belle pomme rouge.

«Oh» dit la petite souris marron, «quelle belle pomme rouge.

Je voudrais bien manger la belle pomme rouge.»

«Vite, vite» dit le petit lapin gris, «monte sur mon nez.»

Donc, le mouton monte sur le dos du cheval, le lapin monte sur la tête du mouton et la souris monte sur le nez du lapin. Elle étend la main et ... elle prend la belle pomme rouge.

«Youpi!» crie la petite souris marron et elle descend.

«Youpi!» crie le petit lapin gris et il descend.

«Youpi!» crie le petit mouton blanc et
il descend.

«Youpi!» crie le petit cheval noir.

Croc, croc, croc. Les quatre amis mangent la belle pomme rouge. Miam!

Puis le petit cheval noir galope à la maison.
Au revoir!

Le petit mouton blanc court à la maison. Au revoir!

Le petit lapin gris sautille à la maison. Au revoir!

Et la petite souris marron trottine à la maison.
Au revoir!

Les légumes

Tu aimes ...

J'aime ...

Je n'aime pas ... beaucoup

un concombre

un melon

une tomate

une laitue

Jacques, tu aimes une tomate?

Non, je n'aime pas beaucoup.
Je préfère un melon.

une carotte

un poivron

un chou

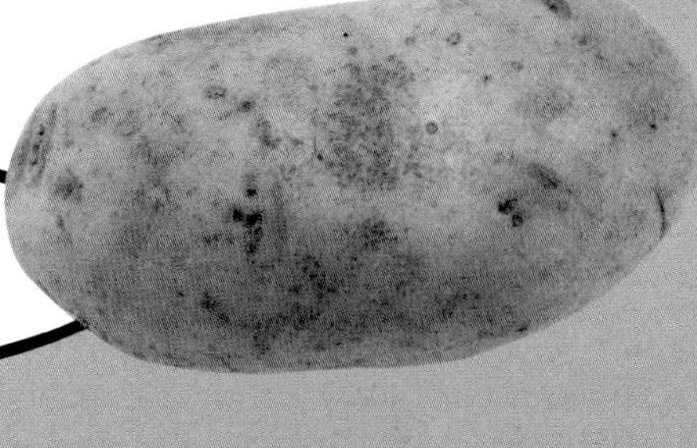

une pomme de terre

Au marché

Je voudrais une laitue, cinq pommes de terre et un chou, s'il vous plaît.
Voilà.
Merci, au revoir.

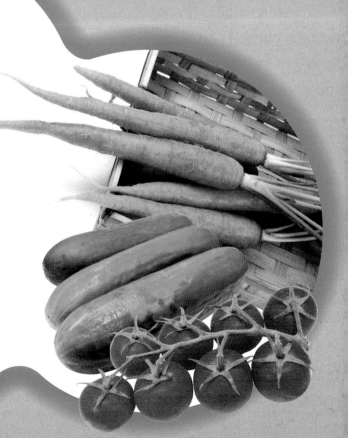

Bonjour, monsieur. Vous désirez?
Je voudrais cinq carottes, trois concombres et huit tomates. Merci, au revoir.

Weblink: www.CurriculumVisions.com

Science: le cycle de vie des plantes

un haricot

une graine

une graine de haricot

(2) La racine pousse.

(3) Après la racine, la tige pousse.

(4) Après la tige les feuilles poussent.

(1) Voici une graine.

5 Après les feuilles, la fleur pousse.

6 Après la fleur, le fruit pousse.

7 Le fruit donne les graines.

8 L'oiseau mange la graine.

9 La graine pousse l'année suivante.

Hum! Hum! Hum! Hum!
Voici l'histoire ... d'un garçon.

Bonjour! Comment t'appelles-tu?
Je m'appelle Jacques.

Jacques est pauvre ...Maman est pauvre ...
Jacques et Maman deviennent de plus en
plus pauvres ...de plus en plus pauvres.
Rien pour le petit déjeuner ...
Rien pour le déjeuner ...
Rien pour le dîner ...
Rien du tout!

Alors, Maman dit:
'Jacques, vendons la vache'
Meuh! Meuh! Meuh! Meuh! Meuh!
'Va au marché. Vite! Vite!'
Jacques et la vache vont au marché.
Ils rencontrent un vieil homme.
'Je voudrais acheter une vache. Voici cinq
haricots magiques.
Un ... deux ... trois ... quatre ... cinq ...'
Mais Maman dit: 'Que tu es bête!'
Elle prend les haricots ... les haricots
magiques ... Un ... deux ... trois ... quatre ...

cinq ... Et elle les jette!
Mais la nuit, une tige de haricot
magique pousse.
Elle pousse ... Elle pousse ...
Elle pousse ...Whoosh!
Jacques grimpe la tige de haricot
magique.
Il grimpe ... il grimpe ...
il grimpe ... jusqu'au ciel.
Jacques voit un château géant.
Toc ... toc ... toc ... toc ... toc ...
personne!
Jacques entre dans le château.
Il voit des pièces d'or,
une poule et une harpe magique.
Le géant arrive!
Le grand, grand géant!
Cache-toi, Jacques!
'Hum! Hum! Hum! Hum!
Ça sent le garçon!'
Mais il ne trouve pas Jacques.
Le géant dort ... RRRRRRRRRRRRRRRRRR
Jacques entre à pas de loup.
Il prend les pièces d'or.

Jacques glisse le long de la tige ... il glisse ...
il glisse ... il glisse ...

Et après?
Jacques grimpe la tige de haricot magique.
Il grimpe ... il grimpe ... il grimpe ... jusqu'au ciel.
Et Jacques entre dans le château ...
Et il voit ... la poule ... et la harpe magique.
Le géant arrive!
Le grand, grand géant!
Cache-toi, Jacques!
'Hum! Hum! Hum! Hum!
Ça sent le garçon!' Mais il ne trouve
pas Jacques. Le géant dort ...
RRRRRRRRRRRRRRRRR
Jacques entre à pas de loup.
Il prend la poule.
Jacques glisse le long de la tige ...
il glisse ... il glisse ... il glisse ...

Et après?
Jacques grimpe la tige de haricot magique.
Il grimpe ... il grimpe ... il grimpe ...
jusqu'au ciel.
Et Jacques entre dans le château ...
Et il voit ... la harpe magique.

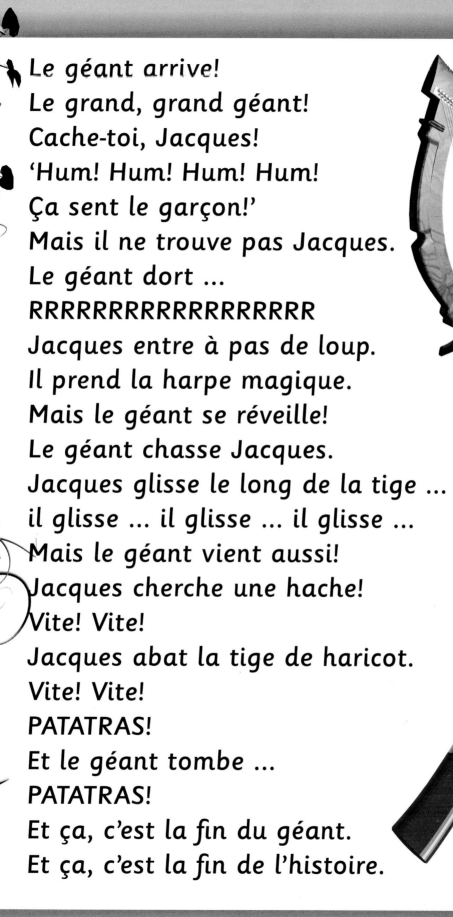

Le géant arrive!
Le grand, grand géant!
Cache-toi, Jacques!
'Hum! Hum! Hum! Hum!
Ça sent le garçon!'
Mais il ne trouve pas Jacques.
Le géant dort ...
RRRRRRRRRRRRRRRRR
Jacques entre à pas de loup.
Il prend la harpe magique.
Mais le géant se réveille!
Le géant chasse Jacques.
Jacques glisse le long de la tige ...
il glisse ... il glisse ... il glisse ...
Mais le géant vient aussi!
Jacques cherche une hache!
Vite! Vite!
Jacques abat la tige de haricot.
Vite! Vite!
PATATRAS!
Et le géant tombe ...
PATATRAS!
Et ça, c'est la fin du géant.
Et ça, c'est la fin de l'histoire.

Vocabulaire

Unit 1	
Core language	
Bonjour!	Hello!
Salut!	Hi!
Ça va?	How are you?
Ça va bien/mal. Et toi?	I'm fine / not well. And you?
Au revoir	Goodbye
Monsieur/ Madame	Sir/Madam, Mr/Mrs
oui/non	yes/no
Je m'appelle ...	My name is ...
Comment tu t'appelles?	What's your name?
Voici ...	Here is ...
un, deux, trois, quatre, cinq, six, sept, huit, neuf, dix	1–10
Quel âge as-tu?	How old are you?
J'ai sept/huit ans	I'm seven/eight years old
Additional language	
ma mère	my mother
mon père	my father
ma soeur	my sister
mon frère	my brother

Unit 2	
Core language	
onze, douze, treize, quatorze, quinze, seize, dix-sept, dix-huit, dix-neuf, vingt	11–20
Combien de ...?	How many ...?
Je préfère ...	I prefer ...
Additional language	
une oie	a goose
le football	football
le saut à la corde	skipping
Chat Perché	Tag
Cache-cache	Hide and Seek
le Scoubidou	Scoubidou

Unit 3
Core language

Regardez	Look
Répétez	Repeat
Ecoutez	Listen
quarante	40
cinquante	50
soixante	60
soixante-dix	70
quatre-vingts	80
quatre-vingt-dix	90
cent	100
Il/Elle est ...	He/She is ...
grand/e	big (masculine/feminine)
petit/e	small (masculine/feminine)
vrai	true
faux	false

Additional language

nord	North
la belle	Sleeping Beauty
la méchante fée	the wicked fairy
la haie d'épines	the hedge of thorns
Ouvre les yeux	Open your eyes
Tu dors cent ans	You will sleep for 100 years
charmant/e	charming (masculine/feminine)
méchant/e	wicked (masculine/feminine)
Levez-vous	Stand up
Asseyez-vous	it down
Levez la main / le doigt	Put your hand/finger up
Taisez-vous / Tais-toi	Be quiet (plural/singular)

Unit 4
Core language

bien	well/good
très bien	very well/good
Je joue bien au football	I'm good at playing football (literally: I play football well)
Je nage bien	I'm good at swimming (literally: I swim well)
Je danse	I dance
Je chante	I sing
Je lis	I read
bravo, super, chouette, fantastique!	well done, super, cool, fantastic!
Je suis un génie! / génial(e)!	I am a genius! (masculine/feminine)
Tu es un génie! / génial(e)!	You are a genius! (masculine/feminine)
Joyeux anniversaire!	Happy birthday!
en ...	in ...
janvier	January
février	February
mars	March
avril	April
mai	May
juin	June
juillet	July
août	August
septembre	September
octobre	October
novembre	November
décembre	December
Je peux ... / Je peux ...?	I can ... / Can I ...?

s'il te plaît	please (singular, informal)

Additional language

sauter	to jump
lancer le ballon	to throw the ball
attraper le ballon	to catch the ball
courir	to run
sauter à la corde	to skip
Loto!	Bingo!
Mon anniversaire est en (janvier)	My birthday is in (January)

Unit 5
Core language

le cheval	the horse
le mouton	the sheep
le lapin	the rabbit
la souris	the mouse
... galope (eg Le cheval galope) ...	gallops (eg The horse gallops)
... court ...	runs
Il/Elle est ...	It is ...
gris(e)	grey
Non, le lapin ne galope pas, etc	No, the rabbit doesn't gallop, etc

Additional language

la pomme	the apple
le pommier	the apple tree
... sautille	... hops
... trottine	... scurries
toc, toc, toc!	knock, knock, knock!
croc, croc, croc	crunch, crunch, crunch

Unit 6
Core language

Tu aimes ...?	Do you like ...?
J'aime ...	I like ...
Je n'aime pas ...	I don't like ...
beaucoup	a lot
Je voudrais ...	I would like ...
S'il vous plaît	Please (polite form)
Vous désirez?	What would you like? (polite form)
Voilà	There you are
Merci	Thank you
Au revoir	Goodbye

Additional language

un haricot	a bean
un concombre	a cucumber
une tomate	a tomato
une laitue	a lettuce
du cresson	some cress
une graine	a seed
une graine de haricot	a bean seed
le marché	the market
au marché	at the market